U0835732

浙江省平安建设条例

中国法制出版社

目　　录

浙江省第十四届人民代表大会常务委员会
公　告

第 2 号

《浙江省平安建设条例》已于 2023 年 5 月 26 日经浙江省第十四届人民代表大会常务委员会第三次会议通过，现予公布，自 2023 年 7 月 1 日起施行。

浙江省人民代表大会常务委员会

2023 年 5 月 26 日

浙江省平安建设条例

（2023 年 5 月 26 日浙江省第十四届人民代表大会常务委员会第三次会议通过）

目　　录

第一章　总　　则

第一条　为了高水平推进平安浙江、平安中国示范区建设，构建共建共治共享社会治理格局，维护国家安全、社会安定和人民安宁，根据有关法律、行政法规，结合本省实际，制定本条例。

第二条　本省行政区域内平安建设及其监督管理活动，适用本条例。

第三条　平安建设工作坚持中国共产党的领导，坚持以人民为中心，贯彻落实总体国家安全观，坚持统筹发展和安全，坚持和发展新时代“枫桥经验”，传承和践行“浦江经验”，坚持系统治理、综合治理、源头治理和专项治理相结合，坚持与法治浙江建设一体推进。

第四条　平安建设的主要任务包括：

（一）维护国家政治安全；

（二）防范和化解重点领域风险；

（三）预防和依法打击各类违法犯罪行为；

（四）健全社会治安防控体系和公共安全保障体系；

（五）加强安全生产、消防安全和应急管理工作；

（六）健全网络综合治理体系；

（七）健全基层社会治理体系；

（八）推进社会矛盾纠纷多元预防调处化解；

（九）开展平安创建活动；

（十）国家和省规定的其他平安建设任务。

第五条　平安建设是全社会的共同责任。任何单位和个人都有维护社会安全的责任，有权对危害社会安全的行为进行举报。

国家机关、人民团体、企业事业单位和基层群众性自治组织应当落实平安建设责任，健全内部风险防控责任制度，完善各项安全防控措施，共同做好平安建设工作。

行业协会、商会等社会组织应当发挥行业自律作用，支持和指导会员参与平安建设。

公民应当遵守法律和社会公德，增强自我防护意识，提高安全防范能力，教育未成年子女遵纪守法，保持和谐的家庭和邻里关系。鼓励公民参与平安建设，对平安建设工作提出意见和建议。

第六条　对平安建设工作中作出显著成绩的单位

和个人，按照国家和省有关规定给予表彰、奖励。

支持见义勇为行为，对见义勇为人员应当按照有关法律法规予以奖励和保护。

第二章　工作体制

第七条　省、设区的市、县（市、区）平安建设组织协调机构（以下简称平安建设组织协调机构），负责组织协调、督促推进本行政区域内的平安建设工作，具体履行下列职责：

（一）组织宣传和实施平安建设相关法律、法规、政策；

（二）协调和指导有关部门、单位开展平安建设工作，督促落实平安建设责任；

（三）定期分析平安建设形势和重大问题，提出深化平安建设的政策建议；

（四）组织开展平安建设督导检查、考核评估以及奖励工作；

（五）国家和省规定的其他职责。

平安建设组织协调机构根据平安建设工作需要，

确定相关单位作为平安建设成员单位。平安建设组织协调机构设立的办事机构负责日常工作。

乡镇、街道应当明确负责平安建设有关工作机构及其职责，加强平安建设力量。

第八条 平安建设组织协调机构及其办事机构应当建立工作协调机制，加强信息共享、会商研判和执法司法协作，统筹协调平安建设成员单位推进相关工作。

平安建设成员单位根据职责分工和平安建设组织协调机构的统一部署，指导、管理本行业、本系统的平安建设工作，按照规定向本级平安建设组织协调机构报告平安建设情况。

第九条 县级以上人民政府应当将平安建设纳入国民经济和社会发展规划纲要，加强平安建设基础设施、人员和装备保障，并将平安建设所需经费纳入本级财政预算。

乡镇人民政府、街道办事处负责本辖区平安建设有关工作，组织开展平安建设宣传教育，落实专项治理和检查等工作。

第十条 平安建设工作实行领导责任制和目标管理责任制。

平安建设组织协调机构应当组织制定本行政区域内的平安建设中长期工作目标和年度工作目标。平安建设成员单位应当根据工作职责，明确工作任务和责任人，落实目标管理责任。

第十一条 本省建立健全与周边省、直辖市或者其他在本省流动人口较多地区的平安建设合作机制，在信息共享、重大突发事件处置、生态环境保护、矛盾风险防范与化解、打击违法犯罪等方面加强协作，促进平安建设协同发展。

第三章 风 险 防 控

第十二条 平安建设组织协调机构应当建立和完善社会风险防控工作体系，明确平安建设成员单位社会风险防控的责任，建立健全社会风险监测、预警、处置和反馈制度，形成社会风险协同防控和闭环管控机制，实现精准、高效防范和处置社会风险。

第十三条 平安建设成员单位应当按照规定职责建立健全社会风险隐患排查和预警制度，组织开展社会风险隐患排查工作，加强对重点区域、重点行业、重点人群的风险隐患排查，强化风险研判，并按照国家和省有关规定报告和发布社会风险预警信息。

第十四条 平安建设组织协调机构及其办事机构、各级人民政府及有关部门应当及时分析社会风险隐患发生的原因，总结处置工作的经验教训，制定并落实改进措施，从源头上防范和减少各类社会风险，降低社会风险负面影响。

第十五条 平安建设组织协调机构应当建立健全平安形势分析机制，组织有关部门、单位和专家，定期分析研判社会风险隐患，提出对策建议和改进措施，并督促有关部门、单位落实。

第十六条 各级人民政府及有关部门应当加强社会风险隐患治理，完善突发事件应急预案，依法及时妥善处置发现的社会风险隐患；社会风险引发突发事件的，应当按照规定启动应急响应和处置。

第十七条 企业事业单位、基层群众性自治组织和其他社会组织应当依法开展社会风险隐患排查，定期排查、及时消除社会风险隐患，并按照规定及时向相关管理部门报告。

第十八条 各级人民政府及有关部门、企业事业单位、社会团体作出可能对社会稳定、公共安全等造成较大影响的重大决策事项的，应当在决策前按照国家和省有关规定进行社会风险评估，制定社会风险防范措施和处置预案。

平安建设组织协调机构及其办事机构应当加强对重大决策社会风险评估工作的指导、监督和管理。

第十九条 卫生健康主管部门应当会同公安、司法行政、教育、民政等部门建立健全社会心理服务体系和危机干预机制，建设基层社会心理服务平台，加强未成年人、残疾人、老年人等重点人群人文关怀、精神慰藉和心理健康服务。

本省健全行政执法机关、司法机关、法律法规授权的具有管理公共事务职能的组织与社会心理服务机构的工作衔接机制，为刑满释放人员、涉邪教人员、吸毒人员、严重精神障碍患者等提供心理辅导、心理危机干预、教育转化和跟踪帮扶等服务。

第四章 重点防治

第二十条 本省推进政治安全体系和能力建设，

维护国家政权安全、制度安全和意识形态安全，严密防范和依法打击各种渗透颠覆破坏活动、暴力恐怖活动、民族分裂活动、宗教极端活动、邪教活动以及其他危害国家安全等违法犯罪行为，开展意识形态领域斗争，防范化解政治安全风险。

第二十一条 县级以上人民政府应当健全粮食、供水、能源等涉及国计民生的生产生活必需品的安全保障体系，严格落实安全责任制，维护国家安全和社会稳定。

第二十二条 县级以上人民政府及有关部门应当按照打防结合、整体防控、专群结合、群防群治的原则，构建立体化、法治化、专业化、智能化的社会治安整体防控体系，保障公共安全。

第二十三条 县级以上人民政府应当组织有关部门定期对人员密集场所和重要场所进行风险评估和等级划分，制定防范标准，统筹部署和规划安全保卫力量，督促落实治安、消防等安全防范措施。

第二十四条 县级以上人民政府应当加强对大型活动安全管理工作的领导，建立工作协调机制，采取必要保障措施，组织有关部门做好安全管理工作。

县级以上人民政府直接举办大型活动的，应当确定牵头部门，明确相关部门安全保卫职责，组织制定安全保卫工作方案。

企业事业单位和其他社会组织举办或者承办大型活动的，应当依法报经批准或者备案，并按照规定要求制定安全检查、防控和人群疏散方案以及应急预案，明确责任人，落实防控措施。

第二十五条　各级人民政府及有关部门应当依法保障校园安全，监督、指导学校、幼儿园等单位落实安全责任，建立突发事件的报告、处置和协调机制。

教育主管部门应当会同公安、消防救援、卫生健康等部门加强校园安全管理，指导和协助中小学校、幼儿园等单位完善人防、物防、技防措施，加强法治宣传和安全教育，并将交通出行、健康上网、毒品预防、心理健康、应急逃生、消防知识和防欺凌、防溺水、防诈骗、防拐卖、防性侵等方面知识纳入教育教学内容。

中小学校应当建立留守学生、困境学生档案，配合政府有关部门做好关爱帮扶工作。

第二十六条　各级人民政府及有关部门依法维护

学校周边秩序，为学校提供安全保障。

公安、综合行政执法、市场监督管理、文化旅游等部门应当加强对学校周边巡查检查，及时疏导校园周边道路交通，依法查处违章停车、占道经营、售卖危害未成年人身心健康内容的物品等行为。

第二十七条 省人民政府应当将专门教育发展和专门学校建设纳入国民经济和社会发展规划纲要。县级以上人民政府应当根据需要合理设置专门学校，推进专门学校规范化建设。

县级以上人民政府应当健全教育矫治有严重不良行为未成年人工作体系，预防和减少未成年人违法犯罪。

第二十八条 县级以上人民政府应当加强对安全生产工作的领导，建立健全安全生产工作协调制度。负有安全生产监督管理职责的部门应当加强危险化学品、烟花爆竹、燃气、矿山、建筑施工、交通运输、特种设备、渔业生产等重点行业领域安全生产监管执法，督促生产经营单位遵守安全生产法律法规，预防和减少生产安全事故。

生产经营单位应当依法落实安全生产主体责任，

建立健全全员安全生产责任制，构建安全风险分级管控和隐患排查治理双重预防机制，提高安全生产水平，保障安全生产。

第二十九条 县级以上人民政府应当建立金融风险防范和化解工作机制，制定金融风险突发事件应急预案，防范、化解和稳妥处置各类金融风险。

金融监督管理部门应当会同网信、公安等部门建立健全金融风险监测防控体系，运用数字化等手段加强对金融风险的监测和预警。

银行业金融机构、非银行支付机构应当加强对资金异常流动情况、非法资金外流通道和其他非法金融活动的监测，及时向金融监督管理部门报告涉嫌金融违法行为的线索，履行风险提示义务。

第三十条 省、设区的市、县（市、区）应当建立健全网络综合治理体系，完善网络安全、数据安全和个人信息保护制度，健全数据安全风险评估、报告、信息共享、监测预警、应急处置机制。

网信、公安、电信等部门应当加强关键信息基础设施和重要信息系统运行安全、网络信息安全、数据安全监督管理和保护工作，防范、制止和依法惩治网络攻击、网络入侵、网络窃密、散布违法有害信息等网络违法犯罪行为。

第三十一条 县级以上人民政府应当建立健全打击治理电信网络诈骗工作协调机制，确定反电信网络诈骗目标任务，开展综合治理。

公安机关牵头负责反电信网络诈骗工作，依法惩处电信网络诈骗等违法行为，加强电信网络诈骗预警宣传，推送安全提示信息，会同有关部门建立健全信息共享、会商研判、违法信息拦截、预警劝阻、协调处置等机制，实现即时查询、紧急止付、快速冻结。

电信业务经营者、银行业金融机构、非银行支付机构、互联网服务提供者应当加强电信网络诈骗风险监测，发现涉嫌违法犯罪信息的，应当及时向客户作出风险提示，按照规定采取阻断措施并向公安等有关部门报告。

第三十二条 食品安全监督管理部门应当会同有关部门加强食品安全监督管理，根据食品安全风险监测、风险评估结果和食品安全状况等，确定监督管理的重点、方式和频次，实施风险分级管理。

药品监督管理部门应当加强对药品研制、生产、经营、使用全过程的监督管理，保证药品质量，保障公众用药安全。

第三十三条 交通运输、邮政管理、公安等部门应当按照各自职责，做好物流寄递行业的监督管理工作，依法惩处利用物流寄递渠道进行的各种违法犯罪活动。

铁路、公路、水上、航空的货运和邮政、快递等物流运营单位应当按照规定落实安全查验制度；对拒绝安全查验的物品或者发现禁止运输、寄递和存在重大安全隐患的物品，不得提供运输、寄递服务；对存在重大安全隐患的物品应当及时向有关部门报告。

第三十四条 县级以上人民政府应当建立健全突发公共卫生事件监测预警处置机制，加强疾病预防控制、医疗救治和相关科技支撑、物资保障体系建设，完善风险评估、流行病学调查、检验检测、疫情报告、应急处置、联防联控、精密智控等制度，提高应对和防范化解突发公共卫生事件的能力。

第三十五条 县级以上人民政府应当建立健全生态环境保护机制和地上地下、陆海统筹的生态环境治理制度，督促有关部门依法及时查处生态环境违法案件，落实生态环境损害赔偿和修复制度，维护生态环境安全。

第三十六条 沿海县级以上人民政府应当坚持陆海统筹、预防为主、防治结合的原则，建立健全近岸海域管控协调机制和联合执法制度，维护近岸海域安全和国家海洋权益。

沿海地区有关部门应当按照规定加强对沿海船舶和相关人员、物品的监督检查，及时发现并依法处置安全隐患。

第三十七条 省、设区的市、县（市、区）应当建立健全常态化扫黑除恶工作机制，完善涉黑涉恶案件线索移送、办理机制，坚持打小打早、源头防控。

公安机关应当会同有关部门建立健全涉黑涉恶案件线索举报奖励制度，落实举报人和证人保护措施。有关部门发现涉黑涉恶违法犯罪线索的，应当及时移送公安机关。

监察机关、人民法院、人民检察院、公安机关及有关部门应当按照规定职责，互相配合、互相制约，常态化开展扫黑除恶、打伞破网工作，预防和依法打击有组织犯罪、涉黄赌毒等违法犯罪行为。

第五章　基层社会治理

第三十八条　本省建立健全党委领导、政府负责、民主协商、社会协同、公众参与、法治保障、科技支撑的城乡基层社会治理体系，明确设区的市、县(市、区)、乡镇、街道在基层社会治理中的统筹协调、落实执行的职责任务，实现政府治理与社会调节、居民自治良性互动，提高社会治理现代化水平。

各级人民政府及有关部门应当推进自治、法治、德治、智治相融合的基层社会治理体系建设，畅通和规范群众诉求表达、利益协调、权益保障通道，完善正确处理新形势下人民内部矛盾机制，及时把矛盾纠纷化解在基层、消除在萌芽状态。

第三十九条　县（市、区）设立社会治理综合机构，整合有关资源、人员、设施，为解决人民群众诉求提供一站式服务。

县（市、区）应当建立健全社会治理综合机构运行管理机制，明确社会治理综合机构、有关部门和单位的职责，协同高效解决人民群众诉求。

第四十条 本省推进乡镇、街道基层社会治理平台的建设。县（市、区）应当按照规定明确平台管理责任主体及其职责和运行、维护要求，提高基层社会治理能力。

第四十一条 省、设区的市平安建设组织协调机构应当组织平安建设成员单位建立健全网格化管理制度，明确网格事务准入清单，推进基层网格规范化、标准化建设，提升网格治理效能。

县（市、区）平安建设组织协调机构应当按照规定明确网格划分标准和管理措施。乡镇人民政府、街道办事处应当按照规定划分网格，配备网格管理人员和专职（兼职）网格员，落实管理措施，加强网格日常管理。

县（市、区）人民政府和乡镇人民政府、街道办事处应当建立健全网格员招聘、管理、培训和考核制度。

第四十二条 村（居）民委员会协助开展平安建设工作，发动村（居）民参与群防群治，开展社会治安巡防、安全隐患排查、矛盾纠纷化解、社区矫正帮扶、政策宣传等。

鼓励和支持村、社区将平安建设有关内容依法纳入村规民约、居民公约。

第四十三条 各级人民政府及有关部门应当将物业管理纳入社区治理体系，促进物业服务企业融入社区治理。

各级人民政府及有关部门可以通过提供补贴等方式，支持物业服务企业参与应对突发事件状态下的社会服务和社区治理工作。

鼓励、支持业主大会和业主委员会参与平安建设，化解邻里矛盾纠纷、维护业主合法权益，参与社区治理。

第四十四条 各级人民政府及有关部门、人民法院、人民检察院应当建立健全社会矛盾纠纷多元预防调处化解机制，完善人民调解、行政调解、司法调解联动工作体系，推动调解、仲裁、行政裁决、行政复议、诉讼等有机衔接，依法及时化解社会矛盾纠纷。

司法行政部门应当加强对人民调解委员会的指导与规范，发展行业性、专业性、联合性人民调解组织，发挥人民调解组织在化解矛盾纠纷中的作用。

第四十五条 本省推动诉讼与非诉讼解决矛盾纠

纷方式有机衔接，加强诉前委托调解、委派调解，引导、支持当事人通过非诉讼方式解决矛盾纠纷。

平安建设组织协调机构应当组织协调人民法院、司法行政等单位，建立健全诉讼与非诉讼的分流机制，并在程序、效力和执行等方面加强衔接。

第四十六条 本省坚持和完善领导干部下访接访制度，落实信访工作责任制，实行属地管理、分级负责，谁主管、谁负责，依法及时解决群众合法合理诉求，维护群众合法权益。

信访部门应当加强对本地区信访工作的协调、指导，依法受理、转送、交办信访事项，协调解决重要信访问题，督促检查重要信访事项的处理和落实，指导本级其他机关、单位和下级的信访工作，分析研究信访情况，提出改进工作、完善政策和追究责任的建议。

第四十七条 各级人民政府及有关部门应当按照规定职责，做好刑满释放人员、涉邪教人员、吸毒人员的帮扶和信用修复等工作，相关人员及其配偶、子女在就业、就学和社会保障等方面的权利应当依法予以保护。

第四十八条 省平安建设组织协调机构可以组织开展平安市、平安县（市、区）示范创建活动。

有关部门在平安建设组织协调机构的指导下，可以开展本行业的平安单位创建工作。

第六章 数字平安建设

第四十九条 省平安建设组织协调机构应当组织平安建设成员单位，依托一体化智能化公共数据平台，整合平安建设相关数字化应用和资源，综合集成平安建设各领域数据，打造具有监测、预警、防控、处置等功能的全省统一的数字平安系统，提升数字平安建设水平。

各级人民政府及有关部门应当按照国家和省有关规定开展平安建设相关业务数据采集、交换、共享、加工、研判等工作，及时向数字平安系统提供相关数据，并保障数据安全。

第五十条 省平安建设组织协调机构应当推进数字平安系统风险预测中的预警防控应用建设，综合集成矛盾化解、社会治安、依法治网、行业监管等社会风险数据，加强平安建设各项核心指标分析、研判，提升社会风险识别、预警、防范、处置的准确性、及时性和科学性。

第五十一条 数据管理部门应当会同有关部门完善平安建设数据汇集共享机制，推动数据跨部门、跨区域、跨层级有序流动，实现平安建设业务协同。

第五十二条 县（市、区）人民政府和乡镇人民政府、街道办事处应当按照国家和省数字平安建设的要求，加强县级社会治理综合机构和基层社会治理平台的数字化建设，可以依托数字平安系统开发、运用相应平安建设特色应用场景，提高基层社会治理能力。

第五十三条 平安建设组织协调机构应当组织有关部门推进互联网、物联网、大数据、人工智能与平安建设的深度融合，统筹推进公共视频监控系统的建设和联网应用，发挥公共视频监控系统在防范风险、调处矛盾纠纷、信息化核查、打击违法犯罪等方面的作用。

第五十四条 平安建设组织协调机构、各级人民政府及有关部门应当运用数字平安系统加强数据分析、研判，发挥大数据在社会风险防控、基层社会治理以及平安建设决策、管理和服务方面的作用。

第五十五条 县级以上人民政府及公安、住房城乡建设、数据管理、消防救援等部门应当按照职责分工，推进智慧平安社区网络建设，提升智能化安防水平。

第七章 保障措施

第五十六条 平安建设组织协调机构应当按照规定组织开展平安建设宣传教育，为平安建设营造良好社会氛围。

国家机关应当落实普法责任制，引导群众依法维护自身合法权益，不断增强全社会的法治意识。

新闻媒体应当开展平安建设工作和先进典型事迹的宣传，加强对有关违法行为的舆论监督。

每年5月第二周为平安浙江文化周。

第五十七条 各级人民政府及有关部门、人民法院、人民检察院应当严格规范公正文明执法和司法，全面落实行政执法责任制和司法责任制，完善综合行政执法体系，建立健全执法司法制约监督机制，提升执法司法的质量、效率和公信力。

第五十八条 各级人民政府及有关部门应当整合律师、公证、司法鉴定、调解、仲裁、法律援助等公共法律服务资源，加快推进现代公共法律服务体系建设，提升公共法律服务能力和水平，为平安建设提供全方位法律服务。

各级法学会应当完善首席法律咨询专家制度，为平安建设有关重大决策、重大矛盾纠纷调处化解等提出专业咨询意见。

第五十九条 工会、共产主义青年团、妇女联合会、残疾人联合会等团体应当结合各自职责和工作特点，依法维护职工、未成年人、妇女、残疾人、老年人等的合法权益，做好平安建设相关工作。

各级人民政府及有关部门应当建立健全志愿服务组织和志愿者参与平安建设工作的机制和渠道，完善相应培训、激励和管理制度，为志愿服务提供保障。

各级人民政府及有关部门可以依法通过购买服务等方式，支持社会组织参加平安建设有关工作。

第六十条 平安建设组织协调机构应当建立健全

社会风险督导检查制度和重点区域、突出问题挂牌督办制度，通过检查、暗访等方式，查找社会风险隐患和平安建设存在的突出问题，督促有关地区、部门和单位采取相应措施及时整改。

第六十一条 县级以上人民代表大会常务委员会应当依法加强对平安建设工作的监督。

人民法院、人民检察院发现有关部门和单位在平安建设工作中存在突出问题或者重大风险隐患的，应当依法提出司法建议、检察建议，有关部门和单位应当及时研究处理并反馈处理情况。

有关部门和单位开展平安建设活动应当主动接受新闻媒体的舆论监督和公众的社会监督。

第八章　考核与责任追究

第六十二条 本省建立健全平安建设考核制度。平安建设考核评价结果纳入综合考核评价。

对平安建设工作成绩突出的地区，可以由省授予平安市、平安县（市、区）称号。

实施平安建设考核，可以委托第三方机构开展平安建设参与率、满意率、知晓率等调查。

有关部门、单位应当对平安建设考核涉及的信息和资料的真实性、完整性、准确性负责，不得瞒报、漏报、拒报。

第六十三条 省平安建设组织协调机构应当建立健全平安建设考核评价体系，优化考核评价标准和指标，合理确定考核责任，提升平安建设考核工作的科学性、规范性和公正性。

第六十四条 省平安建设组织协调机构的办事机构定期向社会公布平安浙江指数。

省平安建设组织协调机构应当组织省有关部门建立健全平安浙江指数评价体系，合理设置指标和权重，明确核算方法、数据来源和统计口径等，全面、客观评价设区的市、县（市、区）平安建设状况。

第六十五条 有关地区、部门和单位违反本条例规定，未履行或者未正确履行平安建设职责，有下列情形之一的，可以由平安建设组织协调机构予以约谈、通报、挂牌督办，并责令限期整改；情节严重的，由有权机关对负有责任的领导人员和直接责任人员按照国家和省有关规定予以处理：

（一）未落实平安建设工作措施，基层基础工作薄弱，致使社会治安秩序混乱的；

（二）发生重大、特别重大或者在较短时间内连续发生较大的危害国家安全事件、群体性事件、刑事犯罪案件、生产安全事故、公共安全事件、火灾事故、道路交通事故、网络安全事件、生态环境污染事件的；

（三）平安建设考核评价不合格、不达标的；

（四）对平安建设的重点区域和突出问题未采取有效措施治理的；

（五）瞒报、漏报、拒报平安建设考核数据的；

（六）国家和省规定的其他情形。

有关地区、部门和单位受到挂牌督办的，其主要负责人、分管负责人和直接责任人员在整改期限内不得评优评先；情节严重的，取消有关地区、部门和单位在整改期限内评选综合性荣誉称号的资格。

第九章　附　　则

第六十六条　本条例自 2023 年 7 月 1 日起施行。《浙江省社会治安综合治理条例》同时废止。

浙江省平安建设条例

ZHEJIANG SHENG PING'AN JIANSHE TIAOLI

经销/新华书店

印刷/北京海纳百川印刷有限公司

开本/850 毫米×1168 毫米 32 开 印张/1 字数/11 千

版次/2023 年 6 月第 1 版 2023 年 8 月第 2 次印刷

中国法制出版社出版

书号 ISBN 978-7-5216-3672-7 定价：5.00 元

北京市西城区西便门西里甲 16 号西便门办公区

邮政编码：100053 传真：010-63141600

网址：http：//www.zgfzs.com 编辑部电话：010-63141673

市场营销部电话：010-63141612 印务部电话：010-63141606